Récompenses aux enfants studieux.

ALPHABET

DÉDIÉ

aux Enfans obéissans

COMPOSÉ D'EXEMPLES

QUI LEUR FONT VOIR LES DANGERS

de la désobéissance

Les suites funestes de la désobéissance.

PARIS

J.º MORONVAL, Imprimeur – Libraire – Éditeur,

Rue Galande près la Rue S.ᵗ Jacques.

ALPHABET

DÉDIÉ

AUX ENFANS OBÉISSANS,

COMPOSÉ D'EXEMPLES

qui leur font voir les dangers de la désobéissance,

renfermant les Anecdotes suivantes : Auguste tombe de cheval ; Brigitte déchire sa robe ; Cyprien mordu par un chien ; Delphine casse des porcelaines ; Émile blesse son frère ; Félicie joue avec du feu ; Georges cueille des fleurs rares ; Honorine laisse envoler un oiseau ; Ildefonse tombe d'un arbre ; Joséphine est dépouillée ; Léon tombe sous la glace ; Marie tombe d'une chaise ; Norbert piqué par des abeilles ; Opportune se brûle ; Philippe est pris dans un piége à loups ; Quentin reçoit une pierre ; Rosalie tombe en courant ; Stanislas est malade par sa désobéissance ; Thérèse gâte de la broderie ; Urbain poursuivi par un loup ; Valentin puni de sa curiosité ; Xavier se coupe avec un rasoir ; Yolande et Zéphirin tombent dans l'eau.

Par Ed HOCQUART, Homme de Lettres.

PRÉCÉDÉ

de Modèles d'Alphabets en caractères ordinaires, en Ronde, en Anglaise et de Phrases à épeler et à lire, en gros caractère ;

TERMINÉ PAR UNE TABLE DE MULTIPLICATION.

Ouvrage orné de 26 jolies figures en taille-douce.

PARIS.

T. MORONVAL, IMPRIM. - LIBRAIRE - EDITEUR,

rue Galande, 65, près la rue Saint-Jacques.

A	B	C
D	E	F
G	H I J	
K	L	M

a	b	c
d	e	f
g	h	ij
k	l	m

N	O	P
Q	R	S
T	U	V
X	Y	Z

n	o	p
q	r	s
t	u	v
x	y	z

MAJUSCULES ITALIQUES.

A B C D E F
G H I J K L
M N O P Q R
S T U V X Y
Z Æ OE W Ç

MINUSCULES ITALIQUES.

a b c d e f g h
i j k l m n o p
q r s t u v x
y z æ œ w ç

LETTRES ANGLAISES MAJUSCULES.

A B C D E F G
H I J K L M N
O P Q R S T U
V X Y Z W

Minuscules.

a b c d e f g h i j k l m n o
p q r s t u v x y z œ w ç

LETTRES RONDES MAJUSCULES.

A B C D E F G H I
J K L M N O P Q R
S T U V X Y Z W

Minuscules.

a b c d e f g h i j k l m n o
p q r s t u v x y z œ w

Les lettres doubles

æ œ fi ffi
fl ffl ff w

CHIFFRES ARABES.

1. 2. 3. 4. 5. 6. 7. 8. 9. 0.

CHIFFRES ROMAINS.

I. II. III. IV. V. VI. VII. VIII. IX. X.

PONCTUATION.

Apostrophe (') l'orage.

Trait-d'union (-) porte-
feuilles.

Guillemets (« «)

Parenthèses ()

Point et Virgule (;)

Deux Points (:)

Point (.)

Point d'interrogation (?)

Point d'exclamation (!)

Voyelles.

a e i ou y o u

Syllabes.

ba	be	bi	bo	bu
ca	ce	ci	co	cu
da	de	di	do	du
fa	fe	fi	fo	fu
ga	ge	gi	go	gu
ha	he	hi	ho	hu
ja	je	ji	jo	ju
ka	ke	ki	ko	ku
la	le	li	lo	lu
ma	me	mi	mo	mu
na	ne	ni	no	nu
pa	pe	pi	po	pu

qua	que	qui	quo	quu
ra	re	ri	ro	ru
sa	se	si	so	su
ta	te	ti	to	tu
va	ve	vi	vo	vu
xa	xe	xi	xo	xu
za	ze	zi	zo	zu

---

ab	eb	ib	ob	ub
ac	ec	ic	oc	uc
ad	ed	id	od	ud
af	ef	if	of	uf
ag	eg	ig	og	ug
ah	eh	ih	oh	uh
ak	ek	ik	ok	uk
al	el	il	ol	ul

am	em	im	om	um
an	en	in	on	un
ap	ep	ip	op	up
aq	eq	iq	oq	uq
ar	er	ir	or	ur
as	es	is	os	us
at	et	it	ot	ut
av	ev	iv	ov	uv
ax	ex	ix	ox	ux
az	ez	iz	oz	uz

---

bla	ble	bli	blo	blu
bra	bre	bri	bro	bru
cha	che	chi	cho	chu
cla	cle	cli	clo	clu
cra	cre	cri	cro	cru

dra   dre   dri   dro   dru
gla   gle   gli   glo   glu
gna   gne   gni   gno   gnu
gra   gre   gri   gro   gru
pha   phe   phi   pho   phu
pla   ple   pli   plo   plu
pra   pre   pri   pro   pru
tla   tle   tli   tlo   tlu
tra   tre   tri   tro   tru

Lettres accentuées.

é   (aigu)
à è ù   (graves)
â ê î ô û (circonflexes)
ë ï ü   (trémas)
ç   (cédille)

Mots d'une seule syllabe n'ayant qu'un son.

Pain.	Doigt.	Vin.
Lait.	Mois.	Blé.
Eau.	Mars.	Main.
Art.	Zinc.	Pied.
Vent.	Nord.	Froid.
Sol.	Pluie.	Chat.
Son.	Mer.	Rat.
Vert.	Pont.	Four.
Noir.	Pré.	Mort.
Blanc.	OEil.	Dent.
Nuit.	Mai.	Jour.
Or.	Juin.	Plomb.
Char.	Tour.	Gris
Faim.	Chaud.	Roux.

Mots à épeler, composés de deux syllabes ou deux sons.

Pa-pa.	Châ-teau.
Ma-man.	Cou-sin.
Ver-tu.	Cor-beau.
Gâ-teau.	Ca-nif.
Pa-pier.	Cou-teau.
Poi-reau.	Sou-ris.
En-fant.	Or-pin.
Tau-reau.	Or-geat.
Che-val.	Mou-ton.
Cor-don.	Ton-neau.
Dé-mon.	Vio-lon.
Mai-son.	Ci-ment.
Jar-din.	Ni-veau.
Gi-let.	Char-don.

Mots à épeler, composés de trois syllabes ou de trois sons.

Li-ma-çon. Tein-tu-rier.
Hor-lo-ger. Tri-bu-nal.
Cos-tu-mier. E-che-lon.
Li-ber-té. Pa-pil-lon.
His-to-rien. Im-pri-meur.
Ven-dre-di. E-pe-ron.
Pi-é-té. Mir-li-ton.
E-cu-reuil. Mé-dail-lon.
Ri-ve-rain. Me-nui-sier.
Bû-che-ron. Cha-ren-ton.
Bou-lan-ger. Vi-gne-ron.
Sub-mer-gé. Po-ti-ron.
Tri-ni-té. O-ran-ger.
Mer-cre-di. As-sem-blé.

Bri-ga-dier. A-mi-don.
Cha-ri-té. Ni-co-las.
Car-nas-sier. In-dul-gent.
Cru-au-té. Ca-fe-tier.
Char-la-tan. Ce-ri-sier.
Al-pha-bet. Mu-le-tier.
E-ta-pier. Cha-pe-lain.
Cho-co-lat. Ba-bil-lard.
Vé-ri-té. Ba-che-lier.
Dé-lé-gué. Ca-bi-net.
Ca-va-lier. Dé-bi-teur.
Con-si-gner. A-lam-bic.
Con-ti-nent. Sou-ve-nir.
Des-ti-née. Lé-gi-on.
Mo-ri-bond. A-vo-cat.
Sen-ti-ment. Dé-bi-tant.

*Mots à épeler, de quatre syllabes
ou quatre sons.*

Phi-lo-so-phie.
Eu-cha-ris-tie.
Ma-çon-ne-rie.
É-ga-le-ment.
Or-tho-gra-phie.
Mé-lan-co-lie.
Pu-bli-que-ment.
Pro-chai-ne-ment.
É-lo-quem-ment.
Glou-ton-ne-rie.
Cons-truc-ti-on.
Cor-rec-ti-on.
Per-ti-nem-ment.
Per-fec-ti-on.

*Mots à épeler, de cinq syllabes,
ou cinq sons.*

Cor-di-a-li-té.
Ad-mi-ra-ble-ment.
Sou-ve-rai-ne-té.
Cou-ra-geu-se-ment.
Na-tu-rel-le-ment.
Ins-ti-tu-ti-on.
In-dé-ter-mi-né.
Ré-so-lu-ti-on.
Pro-di-ga-li-té.
Clan-des-ti-ne-ment.
Cha-ri-ta-ble-ment.
In-su-bor-don-né.
In-fi-dé-li-té.
In-dis-tinc-te-ment.

Mots de six syllabes, ou six sons.

E-co-no-mi-que-ment.

Per-fec-ti-bi-li-té.

Im-pé-tu-eu-se-ment.

As-so-ci-a-ti-on.

O-pi-ni-â-tre-té.

Ins-tru-men-ta-ti-on.

O-ri-gi-na-li-té.

Ma-thé-ma-ti-que-ment.

A-bo-mi-na-ti-on.

Re-com-man-da-ti-on.

Phi-lo-so-phi-que-ment.

O-ri-gi-nai-re-ment.

Per-fec-ti-on-ne-ment.

Im-pé-tu-o-si-té.

Mor-ti-fi-ca-ti-on.

Phrases à épeler, divisées par syllabes.

J'ai-me bien pa-pa.

Je ché-ris ma-man.

Grand-pa-pa me don-ne-ra des i-ma-ges.

Mon frè-re est à la pro-me-na-de.

Ma sœur é-tu-die sa le-çon.

Si je suis bien sa-ge, je se-rai ré-com-pen-sé.

Ma-man est con-ten-te de moi, elle me con-dui-ra chez ma tan-te; nous i-rons nous pro-me-ner au Jar-din des Plan-tes.

Mon on-cle m'a a-che-té un beau jeu de quil-les et un cerf-vo-lant.

Les en-fans doi-vent o-bé-ir à leurs pa-rens: sans ce-la Dieu les pu-ni-rait. Ils doi-vent aus-si res-pect à la vieil-les-se.

Il faut a-voir pi-tié des pau-vres et leur fai-re l'au-mô-ne lors-que nous le pou-vons; Dieu nous en tien-dra comp-te.

Un en-fant ba-bil-lard

et rap-por-teur n'est ai-
mé de per-son-ne ; ses ca-
ma-ra-des le re-bu-tent
et le fuient.

Un en-fant do-ci-le et
o-bé-is-sant est ai-mé de
tout le mon-de ; il est la
joie de ses pa-rens.

Phrases à lire.

Le premier devoir des
enfans doit être de re-
mercier Dieu de tous ses
bienfaits.

Les petits enfans se-
ront bénis s'ils sont re-

connaissans envers le bon Dieu. Ils doivent le prier chaque jour de conserver la santé de leurs parens.

———

Dieu a créé tout ce qui existe sur la terre et dans le ciel; il a fait le soleil qui nous éclaire et qui nous échauffe, ainsi que la lune et les étoiles.

Sans le soleil les plantes ne pourraient pousser, et les hommes et les animaux périraient de froid. La lune sert à nous éclairer la nuit; elle est bien moins grande que la terre, tandis que le soleil est infiniment plus gros.

La terre tourne autour du soleil : la lune tourne autour de la terre.

———

Il y a quatre élémens sur notre globe, savoir: l'air, la terre, l'eau et le feu. Sans la terre l'homme ne pourrait manger; sans l'air il ne pourrait respirer; sans l'eau il ne pourrait boire; sans feu il périrait de froid.

L'homme a cinq sens ou cinq manières d'exercer ou de sentir ce qui l'entoure :

Il voit avec les yeux; il entend avec les oreilles; il goûte avec la langue et le palais; il flaire ou respire les odeurs avec le nez; il touche avec tout le corps et surtout avec les mains.

Les oiseaux habitent

la terre et les airs. L'aigle est le roi des oiseaux.

Les poissons habitent les eaux. La baleine est le plus gros des poissons.

Le requin est le plus vorace de tous les poissons de la mer.

—

Le chien aboie.
Le chat miaule.
Le cochon grogne.
L'ours gronde.
Le loup hurle.
Le lion rugit.
Le renard glapit.
Le corbeau coasse

La grenouille croasse.
Le serpent siffle.
Le cheval hennit.
Le taureau mugit.
Le bœuf beugle.
L'âne brait.
Le mouton bêle.
Le perroquet parle.
Le rossignol chante.

———

La terre produit tout ce qui est nécessaire à la nourriture de l'homme et des animaux.

C'est dans la terre que l'on trouve le fer, l'or, l'argent, le marbre, etc.

Sur la terre il croît toutes sortes d'arbres: les uns ne portent pas de fruits, comme le chêne, l'orme, le peuplier, le sapin, l'érable, etc.; ils servent à faire des planches, des meubles, à bâtir des maisons; les moins gros sont coupés en bûches pour le chauffage.

Les principaux arbres fruitiers sont le poirier, le pommier, le pêcher, l'abricotier, la vigne, le cerisier, le groseiller, l'oranger, le citronnier, le prunier, le noyer, etc.

La terre produit un grand nombre de plantes. Il y en a de potagères, de médicinales et d'agrément.

Les principales plantes potagères sont le chou, la carotte, le pois, la pomme de terre, l'artichaut, le haricot, les raves, le potiron, la laitue, le persil, la ciboule, le céleri, les salsifis, les lentilles, l'oseille, etc.

Les plantes médicinales les plus utiles sont le pavot, la gentiane la fumeterre, la guimauve, la patience, etc.

Les plantes d'agrément les plus remarquables sont la primevère, l'œillet, la girofllée, le lis, la tubéreuse, le jasmin, l'anémone, la violette, le lilas, la marguerite, l'iris, la tulipe, et surtout la rose, que l'on appelle la *reine des fleurs.*

C'est dans la mer, dans les rivières et dans les étangs que l'on pêche les poissons qui servent à la nourriture de l'homme. On les prend avec des filets ou des hameçons.

L'homme se nourrit aussi de la chair de plusieurs animaux, tels que le bœuf, le veau, le mouton, le porc, etc.

Parmi les oiseaux qui servent à la nourriture de l'homme, sont les oies, les poules, les canards, les dindons, les pigeons, les chapons, etc.

Il y a aussi quelques animaux sauvages dont la chair est bonne à manger, tels que le lièvre, le chevreuil, le faisan, la perdrix, etc.

Dieu a tout disposé sur la terre pour le bien de l'homme; c'est à lui à en profiter par son travail et sa bonne conduite.

Auguste tombe de Cheval.
Brigitte déchire sa Robe.
Cyprien est mordu par un Chien.
Delphine casse des Porcelaines.
Emile blesse son frère avec un Fusil.
Félicie jouant avec le feu.

ALPHABET

DÉDIÉ

AUX ENFANS OBÉISSANS,

COMPOSÉ D'EXEMPLES

QUI LEUR FONT VOIR LES DANGERS

de la désobéissance.

———◆———

A   **AUGUSTE** tombe de Cheval.

Le petit Auguste pria un jour son père de lui permettre de monter à cheval.

Je ne puis t'accorder ta demande, lui répondit M. de Gerval, car tu ne saurais te tenir à cheval, et tu tomberais infailliblement.

Auguste, désolé de ce refus, profita d'un moment où son père s'était éloigné. Il détacha le cheval, et, s'aidant d'une grosse pierre sur laquelle il monta, il parvint à se mettre en selle.

Le cheval était jeune et fougueux; dès qu'il sentit un cavalier inexpérimenté sur son dos, il se mit à ruer et à sauter. Auguste perdit bientôt les étriers; la jument, en se cabrant, le lança à dix pas de là.

Il poussa de grands cris : son père accourut; le malheureux enfant s'était ouvert la tête en tombant sur une pierre; et, quand il fut guéri, il se promit bien de ne plus désobéir à son père.

B **BRIGITTE** déchire sa Robe neuve.

La maman de Brigitte venait de lui donner une fort jolie robe, pour la récompenser de ses progrès.

Un jour, Brigitte allant avec ses compagnes faire une promenade, sa mère lui recommanda de prendre garde à sa robe, et surtout de ne pas courir parmi les ronces et les épines.

Brigitte oublia totalement les recommandations de sa mère.

Elle entra dans un fourré épais pour cueillir des framboises sauvages.

Bientôt sa robe s'accrocha aux arbustes épineux, et, en peu d'insans, elle fut déchirée en vingt endroits.

A son retour à la maison, sa mère la gronda; et la robe, qui n'était plus mettable, fut remplacée par une autre de grosse indienne.

C **CYPRIEN** est mordu par un Chien.

Quoique Cyprien fût très-bon enfant, il se plaisait souvent à agacer les chiens et à les faire aboyer.

Son papa lui avait dit bien des fois que c'était un jeu très-dangereux. Un jour Cyprien, oubliant les conseils de son père, se mit à exciter le boule-dogue d'un boucher du voisinage.

D'abord l'animal se contenta de grogner et de montrer les dents; mais Cyprien lui ayant jeté un os qu'il voulut ensuite reprendre, le boule-dogue se jeta sur lui.

Il saisit le malheureux Cyprien à la cuisse, et la serra avec tant de force que les dents pénétrèrent jusqu'à l'os.

On accourut aux cris de l'enfant, et, à force de coups, on obligea le chien à lâcher prise.

La blessure était extrêmement grave, et Cyprien resta boiteux le reste de sa vie.

Il se souvint alors, mais trop tard, des sages recommandations de son père.

D **DELPHINE** casse des Porcelaines.

Madame de Savigny avait, dans son salon, un cabaret garni de fort belles porcelaines.

Elles étaient ornées de jolies peintures ; il y avait des bouquets, des paysages, et des sujets à personnages.

Delphine se plaisait souvent à considérer ces belles miniatures ; mais sa mère, craignant quelque maladresse, lui défendit d'y toucher.

Quelques amies de Delphine étant venues la voir, celle-ci oublia la défense de sa mère, et voulant montrer les sujets peints sur les porcelaines, elle les prit les unes après les autres.

Tout à coup une théyère lui échappe des mains, et, tombant sur le cabaret, fracasse les plus belles tasses. On peut juger de la désolation de Delphine! sa mère, qui accourut à ses pleurs et à ses cris, vit le dégât.

Si ce qui t'arrive n'était qu'un simple accident, je te le pardonnerais, dit Madame de Savigny, mais tu y as joint la désobéissance.

Je supprime à l'avenir la gratification que je te donne toutes les semaines, jusqu'à ce que cette économie suffise pour réparer le dommage.

—

E · EMILE blesse son frère avec un Fusil.

Le père d'Emile lui avait cent fois défendu de toucher aux armes à feu.

Un jour M. de Gerville, revenant de la chasse, plaça son fusil dans un coin de la chambre.

Dès que son père eut le dos tourné, Emile s'empara du fusil, et se mit à porter armes, à présenter armes; puis, ne sachant pas que le fusil était chargé, il coucha son petit frère en joue; il n'avait pas l'intention de tirer; mais comme il ignorait le mécanisme de la batterie d'un fusil, il toucha la gachette, et le coup partit.

G
Georges
cueille des Fleurs rares.
H
Honorine
laisse envoler un Oiseau en Cage
I
Ildefonse
tombe d'un Arbre.
J
Joséphine
sortie sans permission est volée
K
Onzième Lettre de l'Alphabet
L
Léon
tombe dans un trou sous la Glace.

L'enfant reçut la charge du fusil dans le bras : heureusement ce n'était que du petit plomb, et la blessure fut bientôt guérie.

Cet accident fit une si grande impression sur Emile, que dès ce moment il devint l'enfant le plus obéissant qu'il fût possible de voir.

F **FÉLICIE** jouant avec du Feu.

La maman de Félicie lui représentait souvent le danger qu'il y a à jouer avec du feu.

Un soir Félicie, se trouvant seule dans sa chambre, s'amusait à allumer des tortillons de papier et à les tourner rapidement en l'air pour imiter un soleil d'artifice.

Un de ces morceaux de papier tout enflammé, lui échappe des mains et tombe sur le rideau qui prend feu. Félicie, effrayée, veut en vain éteindre la flamme; en un instant tout est en feu. Félicie jette des cris d'épouvante; on arrive de toutes parts, et l'on emporte la malheureuse enfant au moment où sa robe commençait à brûler.

On eut beaucoup de peine à éteindre l'incendie, et tout ce que contenait la chambre fut consumé.

Félicie avait des brûlures en différents endroits du corps, son visage avait surtout souffert; elle fut défigurée pour la vie.

G GEORGES cueille des Fleurs rares.

Le père de Georges aimait beaucoup les fleurs; il possédait une serre chaude remplie de plantes rares, et avait expressément défendu à Georges de cueillir aucune des fleurs de la serre.

Un jour que Georges admirait leur éclat, il en vit une qui lui parut surtout remarquable par sa beauté. Il fut tenté de la cueillir : Mon papa ne s'en apercevra pas, dit-il; une fleur de plus ou de moins ne fera pas grand'chose. Il cueille donc la brillante fleur et l'emporte avec lui. Quelque temps après, son père vient visiter la serre.

Il s'arrête devant la plante dépouillée, et n'apercevant plus la fleur, il regarda Georges, qui se troubla et rougit.

Le père comprit que Georges avait enfreint sa défense.

Tu m'as désobéi, lui dit-il, et tu seras puni. Cette fleur rare et unique allait donner des graines avec lesquelles j'aurais pu multiplier un arbuste utile, et rendre par-là service à mon pays : tu as détruit cet espoir en enlevant la seule fleur qui se soit ouverte jusqu'à ce jour.

HONORINE

laisse envoler un Oiseau en cage.

On venait de faire cadeau à Madame de Beauval d'un charmant serin; il chantait si bien que c'était un plaisir de l'entendre.

Honorine aurait bien voulu prendre ce petit oiseau pour le caresser et jouer avec lui; mais sa mère le lui défendit expressément.

Honorine, se trouvant un jour seule, s'approcha de la cage et ne put résister à l'envie de prendre le serin ; mais, au moment où elle croyait le tenir, il s'échappa et se mit à voltiger dans la chambre. La fenêtre était ouverte, Honorine se précipite pour la fermer : dans ce moment le chat, qui était aux aguets, s'élance sur l'oiseau et le croque.

On peut juger de la désolation d'Honorine. Sa mère, qui rentrait dans ce moment, l'augmenta encore par les justes reproches que méritait sa désobéissance.

I ILDEFONSE tombe d'un Arbre.

Le père d'Ildefonse lui avait bien souvent défendu de monter aux arbres du jardin; d'abord parce qu'il s'exposait à tomber et à se blesser, ensuite parce qu'il pouvait déchirer ses vêtemens.

Un jour qu'Ildefonse était seul, il aperçut au sommet d'un tilleul un nid d'oiseaux; la mère voltigeait autour, et venait apporter à manger à ses petits.

Ildefonse n'eut pas plutôt vu ce nid, qu'il résolut de s'en emparer. Il regarda soigneusement autour de lui, afin de s'assurer qu'on ne pouvait le voir.

Il oubliait que si les hommes ne nous voient pas, Dieu nous voit et punit la désobéissance.

Ildefonse monta donc sur l'arbre, et s'empara du nid.

En descendant, il pose son pied à faux sur une branche; il glisse, et, voulant se retenir à une autre branche qui se casse, il tombe lourdement sur la terre.

Ildefonse jette les hauts cris; on accourt, on le relève, il avait la jambe cassée, et il resta six mois au lit avant de pouvoir marcher.

J JOSÉPHINE,

sortie sans permission, est volée.

Les parens de Joséphine lui avaient expressément défendu de sortir seule. On la conduisait à la pension, et on venait la chercher.

Un jour, que sa bonne tardait à venir la prendre, elle profita d'un moment où la maîtresse de pension était occupée ailleurs, et sortit résolument dans la rue, tenant son petit panier à la main.

Elle eut à peine fait une centaine de pas, qu'étourdie par le bruit de la rue, effrayée par les voitures, elle eût bien voulu revenir sur ses pas; mais une fausse honte la retint. Bientôt elle ne reconnut plus son chemin; elle avait pris une rue pour une autre.

Elle regardait autour d'elle d'un air inquiet, lorsqu'une vieille femme s'approcha et lui demanda ce qu'elle avait.

Joséphine, prête à pleurer, lui avait avoué qu'elle s'était perdue; la vieille la prit par la main et lui fit parcourir plusieurs rues étroites et obscures, puis elle la poussa dans une allée sombre.

La pauvre Joséphine, effrayée, voulut crier, mais la vieille femme lui mettant la main sur la bouche, lui arracha, plutôt qu'elle ne lui ôta, ses boucles d'oreilles; puis elle lui prit son petit man-

teau; elle allait peut-être lui en-
lever sa robe lorsque, des pas
se faisant entendre, la voleuse
s'éloigna précipitamment.

On peut juger de la frayeur
et du chagrin de Joséphine! On
la reconduisit chez ses parens
plus morte que vive, mais
corrigée pour toujours de la
désobéissance.

K

K est la onzième lettre de
l'Alphabet, et la septième des
consonnes.

L **LÉON** tombe dans un trou sous la Glace.

Léon supplia un jour son papa
de lui permettre d'aller glisser

sur un étang du voisinage, qui était gelé.

Le père de Léon lui refusa cette permission; parce que cet amusement est dangereux, ensuite parce qu'il était à craindre que la glace ne fût pas encore assez forte.

Léon, profitant d'une absence de son père, courut à l'étang.

D'abord tout alla fort bien; mais tout à coup un craquement se fit entendre, et la glace s'enfonça sous les pieds de Léon, qui disparut.

Heureusement pour lui, un pêcheur l'avait aperçu. Il accourut, et parvint à le saisir par ses habits.

Il le retira de l'eau sans connaissance, et le porta chez son père, qui lui prodigua tous ses soins.

Dès ce moment Léon fut corrigé et devint le modèle des enfans obéissans.

M MARIE tombe d'une Chaise.

Marie était à la fois désobéissante et gourmande. Un jour sa maman, étant mécontente d'elle, lui donna du pain sec à déjeûner. Marie était plus affligée d'être privée de confitures que d'avoir déplu à sa mère.

Profitant d'un moment où elle était seule, elle approcha une chaise de l'armoire aux confitures. Elle monta dessus, parvint à la clef, et ouvrit l'armoire.

Elle saisit aussitôt un pot de gelée de groseilles, et se préparait à descendre, lorsque, dans son empressement, son pied glissa sur le bord de la chaise, et la malheureuse enfant tomba rudement sur le carreau.

Les éclats du pot de confiture la blessèrent gravement, et sa tête, qui avait porté sur le carreau, reçut une forte contusion.

La mère, attirée par le bruit de cette chute, entra, et vit Marie qui était sans connaissance.

Lorsqu'elle revint à elle, son premier soin fut de supplier sa mère de lui pardonner, reconnaissant que Dieu l'avait justement punie de sa gourmandise et de sa désobéissance.

N NORBERT piqué par des Abeilles.

Étant à la campagne, chez le fermier de son père, Norbert vit plusieurs ruches rangées les unes à côté des autres.

Il allait s'en approcher sans précaution, lorsque son père le prévint qu'il fallait prendre beaucoup de soin pour ne pas effaroucher les abeilles, et qu'il était dangereux de les irriter.

Norbert se dit en lui-même qu'un si petit insecte était peu à craindre, et lorsqu'il se trouva seul il s'approcha des ruches.

Comme les abeilles étaient

rentrées, Norbert voulut les obliger à sortir. Il prit une baguette et la fourra dans l'ouverture de la ruche.

A l'instant une quantité innombrable d'abeilles sortit par cette ouverture; elles se jetèrent avec fureur sur Norbert, qui fut piqué à la figure, aux mains, au cou; il poussa des cris perçans.

Le visage et les mains de Norbert commencèrent à s'enfler d'une manière effrayante. Il n'était plus reconnaissable,

Il pensa mourir de cet accident, et n'oublia jamais que sa désobéissance avait failli lui coûter la vie.

O OPPORTUNE

se brûle en prenant un Vase.

La mère d'Opportune faisait chauffer de l'eau, lorsqu'elle fut obligée de sortir. Elle recommanda à sa fille de ne point toucher au vase qui la contenait.

Opportune, restée seule, vit bientôt l'eau commencer à frémir, puis former de gros bouillons. Voilà de l'eau qui va passer par dessus les bords, se dit-elle.

Oubliant les ordres de sa mère, elle prend le vase par l'anse et le soulève; mais elle se brûle les mains. Le vase lui échappe, se renverse, et couvre ses pieds d'eau bouillante.

Marie
tombe d'une Chaise.

Norbert
piqué par des Abeilles.

Opportune
se brûle en prenant un Vase.

Philippe
est pris dans un Piège à Loups.

Quentin
reçoit une Pierre.

Rosalie
tombe en courant.

« On peut juger des cris que poussa Opportune. Ses pieds n'étaient qu'une plaie.

Elle fut plusieurs semaines sans pouvoir marcher, et considéra toujours cet accident comme le juste châtiment de sa désobéissance.

PHILIPPE
est pris dans un Piége à loups.

Le petit Philippe demanda un jour à son père la permission d'aller jouer dans le parc avec son cousin Henri. Je le veux bien, lui dit son père, mais j'y mets la condition de ne pas approcher du mur qui longe la forêt. Il y a là un piége à loups, et tu pourrais y être pris.

Ne craignez rien, mon papa, nous n'en approcherons pas.

Philippe et Henri se mirent donc à courir dans le parc. Ils s'amusèrent d'abord à cueillir des fleurs et à poursuivre les papillons; mais bientôt, las de cet exercice, Philippe dit à son cousin : Je n'ai jamais vu de piége à loups; je voudrais bien voir comment cela est fait! Si nous en approchions avec précaution, il n'y aurait pas de danger?

Oubliant donc la défense de son père, Philippe alla vers l'endroit interdit; tout à coup il jeta un cri de douleur.

Il venait de mettre la jambe dans le piege qu'il était impossible d'apercevoir, étant couvert de feuilles et de mousses.

Le ressort s'était détendu, les deux branches, garnies de pointes de fer, s'étaient fermées et avaient saisi la jambe de Philippe, qui resta boiteux toute sa vie.

Q **QUENTIN** reçoit une pierre.

Il y avait un fou nommé Joseph, qui ne sortait jamais sans avoir cinq ou six perruques entassés sur sa tête, et autant de manchons passés dans ses bras.

Les petits garçons le suivaient en criant : Joseph, combien veux-tu vendre tes manchons et tes perruques ? Il y en avait même d'assez méchans pour lui jeter des pierres.

Un jour M. Dupré vit avec chagrin son fils Quentin au milieu d'eux. Il le fit rentrer, et lui représenta avec tant de force la cruauté et l'injustice qu'il y avait à tourmenter un pauvre homme privé de la raison, que son fils lui demanda pardon les larmes aux yeux, en protestant qu'à l'avenir cela ne lui arriverait plus.

Cependant un jour, poussé par la curiosité, il voulut voir les niches que l'on faisait au pauvre fou. Bien qu'il ne jetât pas de pierres, il finit par se trouver le premier de la bande. Joseph, impatienté des huées dont on l'accablait, ramassa une grosse pierre, la lança avec tant de force, qu'elle frôla la joue de Quentin et lui emporta le bout de l'oreille.

Quentin rentra chez lui tout en pleurs. C'est une juste punition de Dieu, lui dit M. Dupré; il t'a puni de préférence aux autres, parce que tu connaissais mieux qu'eux le mal que tu faisais, et que tu désobéissais à la fois à Dieu et à ton père.

R ROSALIE tombe en courant.

Rosalie était allée se promener avec quelques-unes de ses compagnes et sa maîtresse dans un bois près de Paris.

Elles étaient arrivées à l'extrémité d'une petite plaine qui se

.terminait par une descente étroite et presqu'à pic.

Rosalie se prépara à suivre en courant cette pente rapide. Sa maîtresse lui cria : Rosalie! Rosalie! où vas-tu? arrête-toi! tu vas tomber! Rosalie fit semblant de ne pas entendre sa maîtresse.

Tout à coup son pied rencontre une pierre; elle tombe rudement et se déchire le visage et les mains. Son corps était couvert de contusions; et la secousse avait été si forte qu'elle resta long-temps sans connaissance.

Rosalie comprit bien vite que cette chute était la punition de sa désobéissance.

S STANISLAS

est malade pour avoir mangé des fruits sauvages.

On avait recommandé plusieurs fois à Stanislas de ne point manger les fruits qui se trouvent dans les bois, parce que plusieurs d'entr'eux sont malfaisans.

Un jour que Stanislas s'amusait, avec quelques camarades de son âge, à courir et à jouer dans un bois, il vit des fruits noirs semblables à des grains de cassis sur une plante à larges feuilles.

Ces fruits paraissaient appétissans; il en goûta un auquel il trouva même un goût sucré; et, oubliant la défense de ses parens, il se mit à en manger.

Au bout de quelques momens il eut des nausées et des coliques, et finit par se trouver mal. On le transporta chez ses parens.

Le médecin découvrit qu'il avait mangé des fruits de la bella-donna.

On lui prodigua alors tous les secours possibles; mais il n'é-chappa à la mort que par une sorte de miracle.

T THÉRÈSE gâte la Broderie de sa mère.

Thérèse vit un jour Madame de Gerval occupée à broder un superbe bouquet en tapisserie.

Comme elle était remplie do présomption, elle s'imagina qu'en regardant bien comment sa mère

Stanislas est malade pour
avoir mangé des fruits sauvages.

Thérèse
gâte la Broderie de sa mère.

Urbain
est poursuivi par un Loup.

Valentine
punie de sa Curiosité.

Xavier
se coupe avec un rasoir.

Yolande et Zéphirin
tombent dans l'eau.

s'y prenait pour former ces belles fleurs, elle pourrait en faire autant.

Madame de Gerval, obligée de quitter pour quelques instans son métier, recommanda à sa fille de ne point y toucher.

A peine eut-elle le dos tourné, que Thérèse se mit en devoir de finir une belle rose que sa mère avait commencée.

Les premiers points allèrent assez bien; mais elle ne tarda pas à s'embrouiller, et elle mêla tellement les nuances, que la rose fut entièrement gâtée.

A son retour, Madame de Gerval s'aperçut bien vite du dégât causé par Thérèse, qui fut punie sévèrement de sa désobéissance.

U **URBAIN** est poursuivi par un Loup.

Le papa d'Urbain demeurait proche d'une grande forêt qui renfermait des loups et des sangliers; il permit un jour à son fils d'aller se promener dans les environs de la maison, mais il lui défendit expressément de s'écarter au-delà de certaines limites.

Urbain promit bien d'obéir aux ordres de son père; mais il ne tarda pas à oublier les recommandations qu'on lui avait faites, et il s'enfonça dans un massif d'arbres pour cueillir des noisettes.

Au bout de quelque temps il entendit les hurlemens des loups; puis il vit, au milieu d'un buisson, deux yeux ardens comme du feu, fixés sur lui

Il essaya alors de fuir dans une direction opposée; mais le loup, car c'en était un, se mit à le poursuivre.

Le malheureux enfant allait être atteint par le féroce animal, lorsqu'il entendit son nom répété par son père et par les personnes qui le cherchaient.

Il répondit à ces cris, et l'on arriva vers lui au moment même où le loup, effrayé, prenait la fuite.

V VALENTINE punie de sa curiosité.

Valentine vit un jour la bonne de la maison qui se préparait à

emporter un panier soigneusement fermé.

Comme elle était fort curieuse
de son naturel, elle voulut l'ou-
vrir; sa mère, qui était pré-
sente, le lui défendit.

Restée seule pendant quelques
instans, Valentine ne put résister
à sa curiosité. Elle souleva douce-
ment le couvercle; mais à l'instant ce couvercle, brusquement
repoussé, donna passage à un
chat qui sauta au visage de Valentine, et lui imprima ses griffes
dans la figure.

Valentine, épouvantée, poussa
de grands cris; l'on accourut, et
l'on eut beaucoup de peine à faire
lâcher prise à l'animal furieux.

Valentine s'aperçut, mais trop

tard, que la désobéissance porte toujours sa punition avec elle.

X **XAVIER** se coupe avec un rasoir.

Le petit Xavier avait le défaut de toucher à tout. Combien de fois son père lui avait-il défendu de toucher aux ciseaux, aux canifs, aux porcelaines, et à mille autres choses fragiles!

Un jour son père laissa, par oubli, un rasoir ouvert sur la table; Xavier s'en empara, et, voulant essayer si c'était aussi tranchant qu'on le disait, il essaya de tailler un crayon.

La lame du rasoir, qu'il tenait mal, lui fit une coupure si profonde qu'elle allait jusqu'à l'os.

Xavier se mit à crier; et son père, qui était accouru à ses cris, lui dit : Remercie le ciel de cet accident; c'est une leçon que Dieu te donne pour te punir de ta désobéissance.

Y YOLANDE et ZÉPHIRIN
tombent dans l'eau.

Il y avait dans le jardin de M. Dorsay un petit étang, et un batelet dans lequel Zéphirin eut un jour la fantaisie d'entrer.

Yolande l'arrêta : tu sais bien, lui dit-elle, que cela nous est défendu.

Bah! lui dit Zéphirin, est-ce qu'on nous verra? Il y entra le premier et sa sœur le suivit.

Zéphirin, voulant d'abord se balancer, écarta ses jambes vers les deux bords du batelet, et commença à le faire pencher d'un côté, puis de l'autre.

Ils ne tardèrent pas long-temps à chanceler sur leurs jambes. Ils se saisirent l'un et l'autre pour se retenir; mais ils tombèrent ensemble dans l'étang.

M. Dorsay, qui était à peu de distance, se précipita dans l'eau, et les ramena sur la rive.

Cette leçon leur fut utile; car lorsqu'ils furent guéris de la maladie qui suivit cet accident, ils devinrent le modèle des enfans obéissans.

FIN.

TABLE
DE MULTIPLICATION.

2 fois 2 font 4			5 fois 5 font 25			9 fois 9 font 81		
2	3	6	5	6	30	9	10	90
2	4	8	5	7	35	9	11	99
2	5	10	5	8	40	9	12	108
2	6	12	5	9	45	9	13	117
2	7	14	5	10	50	9	14	126
2	8	16	5	11	55	9	15	135
2	9	18	5	12	60			
2	10	20	5	13	65	10 fois 10 font 100		
2	11	22	5	14	70	10	11	110
2	12	24	5	15	75	10	12	120
2	13	26				10	13	130
2	14	28	6 fois 6 font 36			10	14	140
2	15	30	6	7	42	10	15	150
			6	8	48			
3 fois 3 font 9			6	9	54	11 fois 11 font 121		
3	4	12	6	10	60	11	12	132
3	5	15	6	11	66	11	13	143
3	6	18	6	12	72	11	14	154
3	7	21	6	13	78	11	15	165
3	8	24	6	14	84			
3	9	27	6	15	90	12 fois 12 font 144		
3	10	30				12	13	156
3	11	33	7 fois 7 font 49			12	14	168
3	12	36	7	8	56	12	15	180
3	13	39	7	9	63			
3	14	42	7	10	70	13 fois 13 font 169		
3	15	45	7	11	77	13	14	182
			7	12	84	13	15	195
4 fois 4 font 16			7	13	91			
4	5	20	7	14	98	14 fois 14 font 196		
4	6	24	7	15	105	14	15	210
4	7	28						
4	8	32	8 fois 8 font 64			15 fois 15 font 225		
4	9	36	8	9	72	15	16	240
4	10	40	8	10	80	15	17	255
4	11	44	8	11	88	15	18	270
4	12	48	8	12	96	15	19	285
4	13	52	8	13	104	15	20	300
4	14	56	8	14	112			
4	15	60	8	15	120			

Imprimerie de J. MORONVAL, rue Galande, 65.